दास्तान-ए-इश्क़

داستانِ عشق

अर्पिता गजरिया उर्फ़ अर्श

AF421748

ARPITA GAJRIA

ISBN 979-8-88733-396-0

Dedicated

To my mom Pushpa, dad Harish and grand mom
Kalanvati who made me 'Me'

To my husband Prashant and daughter
Aaishi wholet me be 'Me'

To the flood of emotions and thoughts emerging
in my head that defines 'Me'

अनुक्रमणिका

प्रस्तावना

ईश्वर की रची इस सृष्टि में सबसे ख़ास भाव क्या है? वो कौनसा एहसास है जिससे परे कोई भी मनुष्य नहीं रह सकता? वो कौनसा ऐसा रंग हैं जो सबको अपने रंग में रंग लेता है?

मुझे यकीन है आपके होठों पर जो शब्द अभी ठहरा होगा वो है इश्क़, मोहब्बत, प्यार। जो हमें हमारे जीवनकाल में एक बार अवश्य छू जाता है।

सभी के लिए इश्क़ की अपनी अलग परिभाषा है।

मेरे लिए इश्क़ ख़ुदा की इबादत सा पाक रिश्ता है।

उस ख़ुदा का भेजा पैगाम है, एक फ़रिश्ता है।

अवश्य ही, इस पूरी क़ायनात की कल्पना उस रब ने प्रेम से ओतप्रोत हो कर की होगी। तभी तो बारिश की बूंदे, चंद्रमा की चाँदनी, सूरज की लालिमा, पत्तियों की सरसराहट, पक्षियों का कलरव, समुन्दर की लहरें और ऐसे कितने ही प्रसंग प्रत्येक दिन हमारे चित्त को आनन्दित कर हमारे अंदर प्रेम की भावना को और भी सुदृढ़ कर देते हैं।

ऐसे में प्रेम रस में भीगे बिना रह पाना, मेरे कवि मन को असंभव सा जान पड़ता है।

पर ये कहना भी गलत न होगा कि इश्क़ एक ऐसा अनुभव है जो कभी अमावस्या को हटाने वाला चंद्रमा सा जान पड़ता है तो कभी काली घनघोर घटाओं वाला आसमान प्रतीत होता है

ईश्वर की इस सुन्दर सी रचना में भला इश्क़ दो विरोधाभास का रूप कैसे धारण कर लेता है?

ये सब तो परिस्थितयों का खेल है। ईश्वर की रची इस सृष्टि में सुख और दुख साथ साथ जो रहते हैं।

ऐसे में कभी मोहब्बत मुकम्मल हो जाया करती है तो कभी दुआ बन कर रह जाया करती है। कभी खिलखिलाहट की वज़ह तो कभी आँसुओं का कारण बन जाया करती है।

ऐसे में प्रेमियों के मन में एक सैलाब उमड़ पड़ता है।

प्रेमी मन के ऐसे भावों को शब्दों रूपी सेज पर सजाने की एक छोटी सी कोशिश है दास्तान-ए-इश्क़।

इश्क़ की पूरी दास्तान को मैंने उसके संपूर्ण जीवन चक्र में दर्शाने का प्रयास किया है। इस पूरी दास्तान को पाँच कड़ियाँ बांधे हैं। पहली कड़ी है **इश्क़ - आशिकी।** यहाँ आपको इश्क़ की परिभाषा मिलेगी। दूसरी कड़ी है **कशमकश - एहसास** जिसमें जहाँ एक ओर आशिक के दिल की कशमकश की झलक है तो वहीं दूसरी ओर एक गुदगुदे एहसास की। तीसरी कड़ी है महबूब से **इज़हार।** यह कड़ी सबसे खास और मिठास भरी है| अगली कड़ी में दिल और उससे जुड़ी....... अरे अरे सब अभी ही जान लीजियेगा क्या ? जैसे जैसे आप इस दास्तान को पढ़ते जाएंगे खुद ही समझ जाएंगे। मैं आशा करती हूँ कि आप इस काव्यात्मक दास्तान से जुड़ पायेंगे|

अर्पिता गजरिया

उर्फ़

अर्श

भूमिका

डॉ अरविंद सहाय

अहमदाबाद, गुजरात

शायद कविता वो एहसास है जों शब्दों के माध्यम से एक सशक्त अभिव्यक्ति प्रदान करती है| इस काव्य-संकलन में आप शब्दों की लयबद्धता एवं उसके परे, दोनों ही अवस्थाओं में जीवन के खूबसूरत एहसास अर्थात् इश्क का उतार चढ़ाव महसूस करेंगे| इश्क वो खारा जल है जिसके आईने में जीवन कभी संपूर्ण, कभी अधूरा, कभी आभासी और कभी पूरा लगता है| इस संकलन में कविताओं में एक गहन उतार चढ़ाव है जिसमे कभी आपको लगेगा कि इश्क अपने अंजाम तक पहुँच गया है और उसका एहसास पूर्णता दे रहा है, परन्तु कभी लगेगा कि इश्क सिर्फ एक एहसास या अनुभूति ही है जिसको

सिर्फ महसूस कर सकते है, परन्तु सिर्फ महसूस कर लेने से ही संपूर्णता आ गई है|

समझ नहीं आता कि प्रेम का स्पंदन कहाँ और कैसे परिभाषित अथवा पूर्ण होगा| लेकिन इस काव्य- संकलन में एक बात तो निश्चित है कि इस संसार में मन की भावनाएँ प्रकृति के नियमों से भी परे हैं| वो किसी भी स्वरूप का अनुपालन नहीं करतीं जों कि इस काव्य संकलन में बखूबी निखर कर आया है|

अंत में चार पंक्तियों में इस प्रेम-अनुभूति को यूँ परिभाषित करना चाहूँगा कि-

मूक की वाणी कहूँ या कवि की कविता कहूँ, शब्दों की भाषा कहूँ या प्रेम की सरिता कहूँ

क्या कहूँ...

कुछ भी कहूँ तुम मात्र कल्पना नहीं अनुभूति हो, सृजन की साक्षात्कार साकार विभूति हो

इसलिए आप भी इस इश्क-समंदर में डुबकी लगा कर बताइए कि इस एहसास को आप क्या कहेंगे?

क्या प्रेम-पतंग की डोर अनंत आकाश का फैलाव समाहित कर लेगी? क्या प्रेम सम्पूर्णता का एहसास देगा? क्या प्रेम का बंधन ही अंतिम शाश्वत सत्य है ? क्या मन का प्रेम संसार के बंधनों से परे है? इन सब प्रश्नों का जबाब ढूँढिये इस किताब दास्तान-ए-इश्क में|

1
इश्क़ - आशिकी

इश्क़ क्या है? सदियों से न जाने कितने शायरों ने, कितने कवियों ने, सूफ़ी संतों ने इश्क़ को परिभाषित करने की कोशिश की है। सभी का अपना एक नज़रिया है इश्क़ को देखने का।

मेरे लिए इश्क़ इबादत है, रूह का रिश्ता है, एक फ़रिश्ता है, पाक ख्याल है, एक खुमार है, जादू है। जो बस होता है क्यूँ होता है, किसलिए होता है नहीं पता।

बस आप उसे सिर्फ़ महसूस कर सकते हैं।

इश्क़ सिर्फ दिन रात साथ रहने का नाम नहीं, जिस्मानी रिश्ते का अंजाम भी नहीं। परवाह करने वाला दिल अगर मिल जाये तो उसे जाने मत दीजियेगा।

ग़र कोई रूह को स्पर्श कर जाए तो ऐसे इश्क़ को कुरान की एक आयत समझ पढ़ लीजियेगा।

ये याद रखियेगा हुज़ूर जो एक बार आप इश्क़ के समंदर में डूब गए तो माझी भी आप, पतवार भी।

ख़ुदा साथ दे तो खुशनसीबी ना दे तो दुआ में शामिल रखियेगा अपने इश्क़ को।

बस इन्हीं विचारों के बहाव में लिखी रचनायें आगे आने वाली कड़ी में प्रस्तुत हैं।

प्यार क्या है?

क्यों इसको लैला मजनू से ही जोड़े है हम?
क्या सिर्फ़ वही प्यार है?

या दिन रात का साथ है जिससे
सिर्फ़ वही प्यार है?
या जिस्मानी ताल्लुकात है जिससे
सिर्फ़ वही प्यार है?

प्यार मेरे लिए

एक एहसास है एक आभास है।
एक कशिश है एक मिठास है।

जहाँ परवाह है वहाँ प्यार है
जहाँ अपनापन है वहाँ प्यार है
जहाँ अधिकार है वहाँ प्यार है

जब हिसाब नहीं तो प्यार है
जब फरेब नहीं तो प्यार है
जब नक़ाब नहीं तो प्यार है

जिससे सुकून मिलता है उससे प्यार है
जिससे जुनून मिलता है उससे प्यार है
जिससे भरोसा मिलता है उससे प्यार है

जिसके लिए होठों पर दुआ है उससे प्यार है
जिसके लिए दिल में दर्द है उससे प्यार है
जिसके लिए बेकरारी है उससे प्यार है

जिसकी हँसी में तुम्हारी हँसी है वो प्यार है
जिसकी सिसकी में तुम्हारी सिसकी है वो प्यार है
जिसकी तरक्की में तुम्हारी खुशी है वो प्यार है

जो तुम्हारी हिम्मत है वो प्यार है
जो तुम्हारी ताकत है वो प्यार है
जो तुम्हारी ज़रूरत है वो प्यार है

जिसको राज़दार समझो वो प्यार है
जिसको क़रार समझो वो प्यार है
जिसको एतबार समझो वो प्यार है

दिल में ये जज़्बात जहाँ है
बस समझ लो प्यार वहाँ है

इश्क़

सूरज के तेज़ सा रौशन इश्क़ है
नाट्य की सेज सा आरोहण इश्क़ है

वीणा की तार सा मधुर स्पंदन इश्क़ है
गीता के सार सा निष्ठुर बंधन इश्क़ है

पत्तियों की सरसराहट सा मृदुल संगीत इश्क़ है
पक्षियों की चहचहाहट सा विपुल गीत इश्क़ है

झरने से बहता अल्हड़ पानी इश्क़ है
किनारे पर ठहरता तूफानी सा दरिया इश्क़ है

गन्ने के मिठास सा चाशनी का तार इश्क़ है
आराध्य के विश्वास सा जीने का सार इश्क़ है

कीचड़ में खिलता कमल सा इश्क़ है
काँटों के बीच महकता गुलाब सा इश्क़ है

सन्नाटों के बीच चीरता सैलाब सा इश्क़ है
अंधेरे में रोशन जुगनू सा इश्क़ है

इश्क़ ख़ुदा की इबादत है
इश्क़ कुरान की आयत है

इश्क़ है तो हम हैं
इश्क़ नहीं तो कुछ भी नहीं

इशारे

रास्ता वही दिखाएगा

जिसने तेरी मंज़िल लिखी है।

उसे देखते ही दिल धड़कायेगा

जिसके लिए तेरी मोहब्बत लिखी है।

चेहरे पर नाज़नीं नूर लाएगा

जिसके लिए तेरी सैकत लिखी है।

उसे देख फ़िज़ाओं में रंग भर जाएगा

जिसके लिए तेरी उल्फत लिखी है।

उसके साथ ख़ुद को पूरा पायेगा

जिसके लिए तेरी निस्बत लिखी है।

उसकी आहट से साँसे थम सी जायेंगी

जिसके लिए तेरी हसरत लिखी है।

उसके ख्यालों में खुद को डूबा पाएगा

जिसके लिए तेरी शख्सियत लिखी है।

सजदे में सर झुकायेगा

जिसके लिए तेरी इबादत लिखी है।

बस उस रब के इशारे समझ

जिसने तेरी ये किस्मत लिखी है।

रूह का रिश्ता

जिस्मों की खूबसूरती
पर फिसलने से बचिएगा
वो तो पिघल जाना है

रूह से मोहब्बत करियेगा
वो ढलती नहीं

नायाब से नायाब जिस्म भी बिखरा करते हैं
रूह तो अक्सर निखरा करती है

जो रूह को छू जाये
उसे सम्भाल के रखियेगा

ऐसे लोग चिराग लेकर
ढूँढने से भी मिलते नहीं

अपने ज़हन में बसा लीजियेगा उन्हें
ऐसी रोशन जिंदगी फिर हो या नहीं

धोखा मत खाईयेगा
पल भर के झुकाव से

लोग अक्सर उसे
मोहब्बत समझ लेते हैं

जब विचारों का मिलन हो तो
खुश किस्मत समझिएगा
वो आसानी से मिलते नहीं

जब दिलों के तार का रूझान हो तो
खुश किस्मत समझिएगा
वो आसानी से जुड़ते नहीं

रोशन हो जहाँ जिससे
ये पाक इश्क़ सबको मिलता नहीं
ऐसे इश्क़ से ख़ुदा भी रश्क करता है

महफ़ूज़ रखियेगा ऐसे लोगों को
ख़ुदा बक्श होते हैं वो
सब की किस्मत में होते नहीं

तोहफ़ा

जिसे तुम चाहो वो मिल जाए ये ज़रूरी तो नहीं
हर दरख़्त पर फूल खिल जाए ये ज़रूरी तो नहीं

दिल तुम्हारा जिससे मिल जाए
गर वो हासिल हो जाए
तो उसे किस्मत समझना

ताउम्र उसे बेपनाह मोहब्बत कर उसे रब की ख़िदमत समझना
अपने इश्क़ को महफ़ूज़ रख उसे ख़ुदाकी इबादत समझना
उसका हमसाया बन उसे अपनी हिम्मत समझना
अपने इश्क़ को वजूद की ज़रूरत समझना

उसकी हँसी को परवरदिगार का तोहफ़ा बेशक़ीमत समझना

2

कशमकश - एहसास

प्यार, मोहब्बत, इश्क़, प्रेम और भी कितने नाम हैं उस एक एहसास के जो एक झुकाव है, खिंचाव है, एक आकर्षण है, एक हिम्मत है, एक ताकत है जो हमारी आत्मा को परमानन्द की अनुभूति कराता है। प्यार हमें कभी सतरंगी आसमान की सैर कराता है तो कभी शीतल चंद्रमा वाली रात में ले जाता है।

प्रेमी अक्सर बड़ी कशमकश से गुज़रते हैं अपनी भावनाओं को लेकर। विचारों का सैलाब मन में उमड़ पड़ता है - क्या उसे सच में इश्क़ हुआ है, या मात्र इक खिंचाव है, इक झुकाव है? कई रातों की बेचैनीयों के बाद जब उसे विश्वास होने लगता है की उसे सच में इश्क़ हुआ है तब कई बार दिल टूटने के डर से ज़ज्बात बयाँ ही नहीं कर पाता। पर प्रेम रस से अनछुआ शायद ही कोई होता हो।

ऐसे ही प्रेम रस में मग्न हो लिखी रचनायें अगली कड़ी में प्रस्तुत हैं।

हमारी अधूरी कहानी

मोहब्बतें बयाँ कुछ इस कदर हुआ
आँखें बोलती रहीं ज़ुबां खामोश रही

कहने सुनने को तो बहुत कुछ था
कमबख्त ज़ुबाँ को कहाँ होश था

बस यूँही निगाहें निगाहों से मिलती रहीं
चिंगारी मोहब्बत की सुलगती रही

वो इठलाते रहे हमें बहलाते गए
वो बलखाते गए हम फिसलते गए

तरन्नुम उनके होठों पर थे
पर शब्द हमारे दर्द-ए-दिल के थे

वो मुस्काते गए हम पिघलते गए
वो अदाएं दिखाते गए हमारी आरज़ू बढ़ाते गए

हम ख्वाब देखते रहे
खुद को बहलाते गए

ये सिलसिला काफी दूर तक चला
पर आज उसे अंजाम देने मैं था निकला

गुस्ताख़ दिल उनसे कुछ कह न पाया
अरमानों को उसने दिल में दफनाया

दास्तान - ए- इश्क़

इश्क़ न उम्र समझता है न मज़हब
न सब्र समझता है न कसब
न वक्त समझता है न सबब

वो तो तूफान की तरह आता है
और फना होना चाहता है।
निगाहों से बयाँ-ए-जज़्बात करता है
खामोशियों को सुकून से पढ़ता है।।

कसूर इतना है दिल ए नादान का
वो तुझको रब समझता है
तेरे लिए दिल धड़कता है
तेरे न होने पर
गुमसुम आहें भर तड़पता है
सिसकियाँ ले सवाल करता है
ख़ुदासे लड़ पड़ता है

तेरी आवाज़ कानों से सीधा दिल में दस्तक देती है
तेरी निगाहों को मेरी निगाहों में उम्र कैद मुकर्रर करती है
तेरी हँसी मदहोशी सी हरकत करती है

तेरी रूमानियत मेरी रूह को स्पर्श करती है
तेरे लिए तारों से लड़ जाऊँ ऐसी फितरत रखती है ।।

हर दिन सैकड़ों ख्वाहिशें पनपती हैं
        तेरी बाहों के घेरे में छिप जाऊँ
        तेरी लट बन गालों को चूम जाऊँ
        तेरे शब्द बन होठों पर ठहर जाऊँ
        तेरी सासें बन तुझ में थम जाऊँ

दिन का उजाला हो या घनी रात का साया
        हर पल तुझे अपने ही करीब पाऊँ
ज़िंदगी मधु का प्याला हो या पैगाम मौत का हो आया
        हर हाल में तुझ में तस्लीम हो जाऊँ

कमबख्त इश्क़ तो कई बार हुआ पर लैला हम आज हुए
कुछ अनछुए एहसास से सरोकार हम आज हुए

इसे रब की मेहर कहें या कहर
जब मिलाना नहीं था तो क्यूँ दिलों के कारोबार हुए

गुस्ताख़ दिल

सौ बार सोचा हमने
नहीं फरमाएं इश्क़ तुमसे
पर हार गए हम हमारे ही दिल से

कमबख्त दिल तो हमारा है
पर लड़ता तुम्हारी ओर से है

गुस्ताखी में तुम्हारी ग़र कुछ कह दें
तो घन घन हम पर बरसता है

अजी आप को तो भनक भी नहीं
और ये आप ही के लिए तड़पता है
वफ़ा आपके नाम की ही लिखता है
तन्हाई में कभी हँसता तो कभी बिलखता है

ये ख़ाकसार आप के लिए मीलों दूर
नंगे पैर चल पड़ता है
पर जब आप दो कदम भी नहीं उठाते
तो टूट कर बिखरा करता है

आप से उम्मीद लगायें कैसे
आप को देने के लिए प्यार के सिवा
कुछ और लाएँ कैसे

आपकी झूठी हमदर्दी को सच समझता है
नादाँ है जानता नहीं वो जिसे ख़ुदा मानता है
उसे इसके प्यार से कहाँ फ़र्क़ पड़ता है

कैसे समझायें इसे ये अफ़साना मुमकिन नहीं
कैसे बतायें इसे कि इसमें दर्द और आहत के अलावा
कुछ हासिल भी नहीं

अक्सर ऐसा देखा है हमने
मोहब्बत का इज़हार करने वाला अकेला रोता है
उसे समझने वाला दिल शायद सैंकड़ों में एक होता है

काश इस नादाँ को कोई समझा पाए
इसकी चाहत को समझने वाला कोई है ही नहीं
झूठी आस लगाने से कुछ मुमकिन नहीं

इश्क़ फरमाना है तो ख़ुद से फरमाए
उसमें धोखे की गुंजा इश तो नहीं
उसमें धोखे की गुंजा इश तो नहीं

मर्ज इश्क़ का

मेरी साँसों में चलती इक तूफानी हवा
तू ने मर्ज दिया है अब तू ही देगा दवा

तेरे चेहरे की दिखती हैं मुझे परछाइयाँ
नशेमन करती हैं तेरी आँखों की गहराइयाँ

कैसे सैलाब को आने से रोकूँ
कैसे गुस्ताख़ बनने से ख़ुद को टोकूँ

तेरी आवाज़ चीरती रातों की खामोशियाँ
परवान चढ़ती तेरी चाहत की मदहोशियाँ

कैसे जुनून बढ़ने से रोकूँ
कैसे हीर बनने से ख़ुद को टोकूँ

तेरी खुशबू बढ़ाती मेरी आरज़ू की परेशानियाँ
अंजाम चाहती मेरे इश्क़ की कहानियाँ

कैसे कुर्बान होने से रोकूँ
कैसे बागी बनने से ख़ुद को टोकूँ

तेरी सादगी बढ़ाती मेरी हैरानियाँ
क़ुर्बत होती मेरे इश्क़ की नादानियाँ

कैसे आँधी को आने से रोकूँ
कैसे बिखरने से ख़ुद को टोकूँ

मेरी साँसों में चलती इक तूफानी हवा
तू ने मर्ज दिया है अब तू ही देगा दवा

तुम कैसे हो?

बेमतलब की बातें छोड़ो
ये बताओ तुम कैसे हो ?

आखिरी बार जैसे छोड़ा था वैसे ही हो
या बदले हैं कुछ हालात?

क्या आज भी तन्हाई में मेरी हँसी को याद करते हो
या उसे एक सपना समझ भूले हो ?

क्या आज भी दोस्तों में मेरा नाम लेकर सुरक जाते हो
या अब भी दिल की गहराई में याद कर रोते हो?

क्या आज भी मेरा मास्क संभाल कर रखा है
या उसे कहीं छोड़ भूले हो?

क्या आज भी मेरे इश्क़ पर फक्र है तुम्हे
या उसे पागलपन समझ भूले हो?

क्या आज भी हमारी पहली मुलाकात याद है तुम्हें
या उसे कहीं दफ़न कर भूले हो?

क्या तुम्हें दो पल को ही सही मुझसे प्यार हुआ भी था
या आकर्षण था क्षण भर का?

क्या तुम्हारी आँखों को पढ़ने में मुझसे कोई भूल हुई थी
या उनमे सच्चाई को तुम छिपा न पाए थे ?

क्या मेरी कमी तुम्हें सच में खली थी
या दिल रखने को दो बातें तुमने बोली थी?

क्या मुझे देख तुम्हारी धड़कन सच में बढ़ी थी
या मेरे दिमाग की उपज थी?

क्या तुम्हारे स्पर्श में जो मैंने महसूस किया वो प्यार था
या वो क्षणिक आकर्षण का सार था?

क्या उस दिन तुम्हारी कही बातों में कुछ सच्चाई थी
या मेरा दिल रखने की जुगत तुमने लगाई थी?

क्या तुम्हारे आलिंगन में स्नेह का आभास सच था
या वो मेरे प्रेमी मन का काल्पनिक भास था?

बेमतलब की बातें छोड़ो
ये बताओ तुम कैसे हो ?

3

इज़हार

जब किसी व्यक्ति को प्यार होने लगता है तब उसे सारी कायनात में एक ही रंग दिखता है। वो है प्रेम का रंग।

प्रेम रंग में मलंग वो कण कण में अपने प्रेमी को तलाशने लगता है। कभी अपनी भावनाओं को शब्दों में बयाँ करता है तो कभी आँखों से। कभी प्रेमी का हाथ, हाथों में लिए अलौकिकता का आभास करता है तो कभी तन्हाई में उसकी याद में आँखें नम किए बिलखता है। प्यार कभी सुकून बन कर आता है तो कभी जुनून बन कर। पर रुह का दर्पण बन चेहरे पर एक नूर सा हमेशा साथ रहता है।

जब पहली बार हमें ये एहसास होने लगता है कि कोई व्यक्ति हमारे जीवन में एक खास जगह बना रहा है तब हम बेताब हो जाते हैं उसे बताने के लिए, उसकी हाँ सुनने के लिए। अपने इश्क़ का इज़हार करना, शायद इस जीवन चक्र का सबसे खूबसूरत लम्हा होता है।

ऐसे ही प्रेम रस में डूबकी लगाने के लिए अगली कड़ी आपके समक्ष प्रस्तुत है।

मेरी चाहत

चाँदनी रात के साए में तुझसे गुफ़्तगू करना चाहते हैं
तेरी घनी जुल्फों के छाये में तुझसे जुस्तजू करना चाहते हैं

इबादत गुज़ार की तरह तेरी जिंदगी की किताब को पढ़ना
चाहते हैं
पीर की शिद्दत के जैसे तेरे दिल की गहराई को छूना चाहते हैं

अज़ान की गूँज से पहले तेरी आवाज को सुनना चाहते हैं
समुद्र की चंचल लहरों में तेरी हरकत को ढूँढ़ना चाहते हैं

सूरज की मुलायम किरणों में तुझे रौशन देखना चाहते हैं
बारिश की बूँदों मे तेरी खुशबू से महकना चाहते हैं

ठंडी हवा के झोंके में तेरे ख्यालों में बहना चाहते हैं
मद्धम सवेरे में तेरे आलिंगन में संवरना चाहते हैं

सर्द मौसम में तेरी साँसों को महसूस करना चाहते हैं
हर पल हर पहर तुझ में ठहर जाना चाहते हैं

न वक़्त देखें न मौसम तुझ में ही सिमट जाना चाहते हैं
तेरे करीब रहकर तुझ में ही बिखर जाना चाहते हैं
तुझ में समा कर निखर जाना चाहते हैं

तेरी मौजूदगी

मेरी साँसों में अब तेरी खुशबू सी आती है
तेरी साँसें अब मेरे दिन को महकाती हैं

मेरी आँखों में अब तेरी तस्वीर दिख जाती है
तेरी आँखे अब मेरे दिन को रोशन बनाती हैं

पल पल अब तू मेरे पास होता है
तेरी यादों का काफ़िला साथ होता है

मेरी ज़ुबाँ अब तेरा ज़िक्र फरमाती है
तेरी सोहबत अब मेरे दिन को ख़ास बनाती है

मेरे कानों में तेरी बातें दोहरा आती हैं
तेरी बातें मुझे तेरी ओर खींच ले जाती हैं

पल पल अब तू मेरे पास होता है
तेरी यादों का काफ़िला साथ होता है

मेरे ख्वाबों पर अब तेरी हुक़ूमत रहती है
तेरे ख्वाब अब मेरी रातें सहमा देती हैं

मेरी ख्वाहिश में तेरी आरज़ू दिख जाती है
तेरी ख्वाहिशें मुझ में जुनून लाती हैं

पल पल अब तू मेरे पास होता है
तेरी यादों का क़ाफ़िला साथ होता है

मेरी कलम अब तेरा नाम झलका जाती है
तेरी मौजूदगी कहीं भी छुप न पाती है

मेरी दुआएँ अब तुझ पर ही रुक जाती हैं
तेरी दुआ मुझ में सिमट जाती है

पल पल अब तू मेरे पास होता है
तेरी यादों का क़ाफ़िला साथ होता है

वज़ूद

सिक्का उछाल कर सोचा हमने
सवाल हमारे सुकून में हैं अब

rjpuru द्वारा प्रॉम्प्ट
इंस्टाग्राम पर

पर जवाब मैं जब तक तू न आया
सौ बार उछालें ऐसे जुनून में अब।।

कई बार सोचा हमने आधे आधे भी संपूर्ण हैं अब
पाया हर बार यही तेरे बिना नहीं परिपूर्ण हैं अब।।

कड़कती धूप में शीतल चंद्रमा की आड़ है
बर्फीली वादियों में चमकते सूरज की आस है

तूफानी हवाओं में एक पुख़्ता आवास है
अंधकार में उजाले का आभास है

टूटे बिखरे जीवन को समेटने वाला अटूट विश्वास है
तू ही मेरे जीवन नैया का पतवार है

पतझड़ के मौसम में तेरे संग बहार है
मुरझाए हुए जीवन में बारिश की बौछार है

मेरे अस्तित्व का तू ही सार है
तेरे संग ये जीवन हर दिन त्यौहार है

फितूर

ख्वाबों की कश्ती में है अब तेरा फितूर
दिल की बस्ती में है तेरा सुरूर

तेरे इश्क़ में हुए हम ऐसे मगरुर
आशिकों के मोहल्ले में हुए मशहूर

मोहब्बत का है कुछ ऐसा ही दस्तूर
दूरी अब तुझसे है हमको नामांज़ूर

तेरे पाक दिल में अब गिरफ्तारी हो
तेरे गुस्ताख़ बातों में बेकरारी हो

तेरे रगों में मेरे प्यार की रवानी हो
तेरे होठों पर मेरे इश्क़ की कहानी हो

तेरी आँखों में मेरे लिए वफ़ा हो
तेरी साँसें कभी मेरी साँसों से न रफा हो

मेरा सर सजदे में तेरे लिए ही झुके
मेरी मोहब्बत तेरे नाम पर ही आकर रुके

दुआ हमारी कुबूल हो
मोहब्बत हमारी तुझे मकबूल हो

क्यूँ करती हो प्यार तुम

हमेशा एक ही सवाल करते हो तुम
आखिर मुझे इतना प्यार क्यूँ करती हो तुम

अब क्या जवाब दें तुम्हें
प्यार दिल में महसूस करते हैं
और ज़ुबाँ इज़हार करती है

हमें भी नहीं पता
ये नाचीज़ क्यूँ तुम्हें इतना प्यार करती है

आँखें खोलते ही तुम्हारे लिए दुआ निकलने लगती है
आँखें बंद करते ही साँसें धुआँ होने लगती हैं

तुम्हें देखते ही धड़कन तेज़ हो जाती हैं
और ना दिखो तो सुन्न सी पड़ जाती हैं

तुम नाम लेते हो तो चेहरे पर मुस्कराहट आ जाती है
तुम गुम हो जाते हो तो हँसी भी गुम जाती है

तुमसे बात करके अच्छा लगता है
तुम जो ना बोलो तो मन उदास हो पड़ता है

तुम जो इग्नोर करदो तो कलम भी रुक जाती है
तुम जो हाल पूछलो तो कविता अपने आप बुन जाती है

हर बात में तो तुम हमारा मन पढ़ लेते हो
हम जो सोच रहे होते हैं वो कह देते हो

इतना कनेक्शन भला कैसे देते हो
और फिर पूछते हो हम क्यूँ तुम्हें प्यार करते हैं

तुम्हारी आँखों में एक सच्चाई सी दिखती है
तुम्हारी बातों में कृतज्ञता झलकती है

सुन्दर साफ़ सफ़ेद मन है तुम्हारा
भोला, मासूम और परवाह करने वाला

इतनी शहद से मीठी बातें झलकाते हो
बस इन्हीं सब से तुम हमें रुझाते हो

सूरत तुम्हारी बच्चों के जैसी मासूम है
और सीरत उसी पर तो हम फिसले धड़ूम हैं

अब बताइए जनाब
आपके सवाल का मिल गया जवाब

या अब भी बतायें
क्यूँ करते हैं प्यार हम

4
दर्द - शिकवा

आप को क्या लगता है क्या सभी आशिकों की मोहब्बत मुकम्मल हो पाती है?

नहीं ना। ऐसी कायनात उस ख़ुदा ने बनाई ही नहीं। जहाँ दर्द न हो. रोष न हो, शिकवे न हो। सैंकड़ों दिल यहाँ सच्ची मोहब्बत होने के बाद भी मिल नहीं पाते। बेशुमार इश्क़ होने के बाद भी, बेसबब परवाह होने के बाद भी, बेहिसाब विचारों के मिलन के बाद भी दिल अक्सर टूट ही जाते हैं। ऐसा क्यूँ है? किसलिये है कोई नहीं जानता।

तो बस जहाँ दिल टूटेगा वहाँ आँसू भी होंगे उस रब से शिकवे भी होंगे। कभी आक्रोश होगा तो कभी बेबसी। बेचैनी भरी रातें भी होंगी, खट्टी मीठी यादें भी होंगी, आधी अधूरी मुलाकातें भी होंगी। आँसुओं का दरिया भी होगा, लाचारी भी होगी।

इन्हीं सब से जूझते आशिक के दिल की दास्तां है इस कड़ी में।

ऐ ख़ुदा

नम आँखों से ख़ुदासे पूछते सवाल हम

क्यूँ हमारी चैन की ज़िंदगी में तूफानी इशारा हुआ
क्यूँ गुस्ताख दिल को इश्क़ दुबारा हुआ

हम तो ये मान कर खुश थे की हमारे ख्वाबों का शख्स
हकीकत में नहीं बसर करता
फिर क्यों उस से रूबरू करा हमारी आरजू को तू है परखता

मिलाया भी तो ऐसे कि उस से अच्छा तो न मिले होते हम
कम से कम सुकून में तो थे की वो है ही नहीं तो किसकी
चाहत करें हम

क्या कहें उस अफसाने के बारे में जिसे मुकम्म्मल न होना था
उन गुमशुदा रास्तों पर बढ़ने लगे हम जिन्हें मंजिल से न
मिलना था।।

सब कुछ जानते हुए भी अंजान बनते हम
क्या खोएंगे क्या पाएंगे ये न सोचते हम

इक डोर से खिंचे चले तेरी ओर हम
खामोशी में सुनते तेरी साँसों के शोर हम

तेरे संग सपनों में ही बस जाएं हम
कहीं दूर जहाँ तू हो और मैं हूँ वहीं थम जाएं हम

दुनिया की रस्मों से नहीं रखना चाहते तालुक हम
वक्त की पाबंदियों को तोड़ तेरे अब होना चाहते हम

तेरे गम और खुशी में चाहते साझेदारी हम
तेरी बाहों में जीना और मरना चाहते हम

नम आँखों से ख़ुदासे पूछते सवाल हम।।

वक़्त बदल गया

प्यार के बदले प्यार देना ज़रूरी नहीं
हम तुम्हें चाहते हैं इसमें हमारी ख़ुशी है
मज़बूरी नहीं

पर क्या करें नादाँ दिल है हमारा
थोड़ी सी परवाह की उम्मीद लगा बैठा

प्यार कोई कारोबार नहीं है
ये हम जानते हैं
पर परवाह का परवाह से सरोकार है
ये सब मानते हैं

हमारे दर्द में जब तुम दो पल दे न पाये
तो ज़िंदगी भर के साथ की आस कैसे लगायें

हम जान गए हैं हमारे ज़ज्बात का तुम्हारे लिए कोई मोल
नहीं
हमारी बातें हमारी मुलाकातें तुम्हारे लिए अनमोल नहीं

मन रखने के लिये कह देते हो कि हम खास हैं
तुम्हारी बातों में पहले जैसी रूह का अभाव है

पहले की बातें कुछ और हुआ करती थीं
उनमें मद की बूँदें छलकती थीं

पर आज का दौर कुछ और है
इसमें मजबूरी की सौंध महकती है

तुम हमारा दिल नहीं तोड़ना चाहते हम जानते हैं
पर बेरुखी से रिश्ता नहीं निभा करता हम मानते हैं

हमारे आत्म सम्मान को तोड़ हम किसी से मोहब्बत नहीं
करते
फिर उसके बिन हम कितना ही क्यूँ न तड़पें

एक बार अपना मानकर कह देते कि हमारे प्यार की तुम्हें
जरूरत नहीं
हमारे लिए तुम्हारे दिल में कोई हसरत नहीं

ख़ुदाकसम हम तुम्हें फिर कभी सताते नहीं
तुम्हारी गली हम फिर कभी आते ही नहीं

प्यार के बदले प्यार देना ज़रूरी नहीं
हम तुम्हें चाहते हैं इसमें हमारी ख़ुशी है
मज़बूरी नहीं

अब हम रब से यही दुआ है माँगते

हमारा प्यार तुम्हारे लिए हमेशा बरकरार रहे
तुम जहाँ भी रहो खुशियाँ तुम्हारा इंतज़ार करें

वो गलियाँ

वो गलियाँ हमें पुकारती रहीं
बाँहें पसारे निहारती रहीं

अपनी तरफ़ खींचती रहीं
प्यार की सौगातें दे चीखती रहीं

पर निर्मोही बन हम चलते गए
उन से किए वादे निभाते गए

सीने में दर्द लिए मुस्कराते चले
हंजूओं का दरिया हम बहाते चले

रातों के साए में कभी घबराकर उठ जाते हैं
सपने में उन्हें देख खुद से रूठ जाते हैं

ऐसी गुस्ताखी करने की
हमारी हिम्मत कैसे

उनसे किए वायदे को
तोड़ने की जुरत कैसे

कभी-कभी फिर भी हम टूट जाते हैं
कई बार बिखर कर फूट जाते हैं

नहीं सतायेंगे न उनको न हमें
ये वादा दिया था उन्हें

फिर क्यूँ यादों का ताना बाना लिए
हम याद करते हैं उन्हें

न वो बेवफा थे न हम
कुछ मजबूरी थी उनकी

कुछ सितारे थे हमारे
कि न बन पाये हमदम

वक्त ने ही किए हम पर ऐसे सितम
अधूरी रही ख्वाहिशें अधूरा मिलन

फासले

फासले कुछ तुमने किए
फासले कुछ हमने किए

मजबूर तुम थे
और हम भी

साँसे फिर भी
तुममें अटकी थी

समझ नहीं पाते थे
क्यों ये नशा है
क्यों ये खुमारी है

तुमने तो हमारे लिए कुछ
कभी किया भी नहीं

फिर क्यों ज़ज्बात की आँधी
में हम बहते गए

कई बार तुमने हमारा दिल तोड़ा
फिर भी हम सहते गए

दीवानों की तरह तुम में खोते गए
तुम्हें अपना मान रोते गए

कभी रब से ख़फ़ा हुए कभी खुद से
पर तुमसे ख़फ़ा होने की जुर्रत न कर सके

शायद कुछ होगा हमारा तुम्हारा हिसाब बाकी
शायद पिछले जन्म में रहे होंगे हम साथी

ढाए होंगे हमने सितम
तड़प रहे हैं तभी इस जन्म

अगले जन्म की एक गुज़ारिश है रब से
गर जो ना बनाना हो हमारा, तो ना मिलाए तुम से

अब और दर्द हम सह न पायेंगे
तुम्हारे बिना हम रह न पायेंगे

ख्यालों पर है तुम्हारा कब्ज़ा इस कदर
हर आती जाती साँस में रहते हो मेरे अंदर

उठते से ही तुम्हारी नाम की दुआ हम लेते हैं
पहले तुम्हें कहते थे अब खामोश रहते हैं

हमारी मोहब्बत पर शक़ तुम मत करना
जब भी पूछोगे यही कहेंगे
हाँ हमें मोहब्बत है इस बात पर यकीन रखना

अलविदा कहना इतना आसान तो नहीं
पर तुम्हारी बेरुखी सहना भी आसान नहीं

तेरी याद

सितारों की महफिल में होंगे जब हम
चंदा के संग हँस लेंगे हम
याद जो तेरी आएगी हमको
चुपके से आँसू बाहा लेंगे हम

तेरी गलियों को वहाँ से जब देखेंगे हम
ख्वाबों की तिज़ोरी को खोलेंगे हम
याद जो तेरी आएगी हमको
तनहाई में अकेले रो लेंगे हम

बादलों के बीच से तुझको छू लेंगे हम
मखमली पलों में खोएंगे हम
याद जो तेरी आएगी हमको
ओस की बूंदे बन चूमेंगे हम

केकही वहाँ से जो तेरी सुनेंगे हम
हाथों में जाम लिए खुश हो लेंगे हम
याद जो तेरी सताएगी हमको
बेमौसम की बूंदे बन बरसेंगे हम

किताबों में सूखे पत्ते की तरह सहेजना हमको
याद जो हमारी सताएगी तुमको
पन्नों को खोल छू लेना हमको
सियाही में खुशबू बन मिलेंगे तुमको

आँसू जो तेरी आँखों में देखेंगे हम
बेबस लाचार चीखेंगे हम
याद हमारी जो सताएगी तुमको
हवा का झोंका बन लिपट जाएंगे हम

शिकवा

कह देते हमें कि तुम्हें हम से प्यार नहीं
हमारी बातों पर ऐतबार नहीं

हमारा तुम पर कोई इख़्तियार नहीं
ख़ुदा की रहमत का अब हमें इन्तज़ार भी नहीं

हमारे एहसास सब फरेब थे
इश्क़ में हुए हम रंगरेज थे

तुम कभी साथ थे ही नहीं
हल्के से भी ज़ज्बात थे ही नहीं

झूठा दिल बहलाना
कोई तुमसे सीखे

सितमगर बनना
कोई तुमसे सीखे

हमदर्द को हमनशी
हम समझ बैठे

इसमें तुम्हारी
कोई खता भी नहीं

तुम बेवफा भी नहीं
कभी तुमने वफा की ही नहीं

हम ही मदहोश हुए
पड़े थे
प्यार की कच्ची डोर से तुम्हें
जकड़े थे

हमारे प्यार को गले का हार
 ना समझो तो गम नहीं
पर उसे पैरों की बेड़ियाँ
समझ करो तुम सितम नहीं

मोहब्बत के अलावा
देने के लिये
कुछ था भी
तो नहीं

जब हम तुम्हारे खयालों
में हम मौजूद नहीं

तुम्हारी दुआओं में
हमारा ज़िक्र नहीं

हमारे आँसुओं की
तुम्हें फिक्र नहीं

तो जिंदगी में होने
की कोई गुंजाइश ही नहीं

तो जिंदगी में होने
की कोई गुंजाइश ही नहीं

नसीहत

अक्सर हमने देखा है

मोहब्बत का इज़हार करने वाला तन्हाई में रोता है
इश्क़ के बदले इश्क़ मिले ऐसा ख़ुदा ने कब बोला है

तुम्हारे दिल के तार किसी और में उलझ जायें
तो उसे ख़ुदा भला क्यूँ सुलझाए

जब आशिक़ का दिल टूटता है
तब वो ख़ुदा से रूठता है

जनाब जब इश्क़ फरमाए थे
तो क्या ख़ुदा से पूछ कर आए थे

तो इतना समझ लो
तुम्हारी बिगड़ी है तुम्हें ही सुधारनी होगी

ख़ुदा न पहले बीच में था
न अब आएगा

जब दिल तेरा है
तो तू ही उसे समझायेगा

और जो दिल तेरा न भी समझे
तो तू कर भी क्या पाएगा

कभी दर्द कभी रंजिश कभी रोश भी मेहसूस होगा
पर उसकी यादों के साथ जीना आ ही जाएगा

जैसे कुछ रिश्तों का नाम नहीं होता
वैसे हर प्यार का अंजाम भी नहीं होता

प्यार तो एक एहसास है
जो सब से ख़ास है

बस दुआ में तू उसे साथ रखना
यादों में तेरे आबाद रखना

यही सच्ची मोहब्बत की सौगात है
दूर होकर भी प्रेमी दिल के पास है

5

दुआ - गुज़ारिश

प्यार अपने साथ एक गुदगुदा सा एहसास लेकर अवश्य आता है। पर सब इतने खुश किस्मत कहाँ होते हैं कि उन्हें उनका सच्चा प्यार हासिल हो जाये?

ये एक दर्दनाक सच है जो प्रेमियों को बिखेर कर रख देता है, झकझोर कर रख देता है। पर क्या हर पहर का साथ न होने से वो प्यार, वो एहसास, वो भाव ख़त्म हो जाने चाहियें ? क्या उन सुनहरे पलों की याद को दफन कर देना चाहिए? क्या उस खास व्यक्ति से जुदा होने पर उसके प्रति गुस्सा और नफ़रत रखना जायज है?

क्या हम उसकी सलामती, उसकी ख़ुशी की दुआ नहीं माँग सकते? क्या हम ये नहीं माँग सकते कि उसे दोबारा इश्क़ हो हम से भी बेहतर इश्क़ मिले।

मोहब्बत में कुछ भी सही या गलत नहीं होता। महबूब का हर रोज का साथ न होने से उसे दुआ में शामिल करने से कौन रोकता है?

बस इन्हीं सब विचारों की उधेड़बुन में लिखी कविताएँ आगे की कड़ी में प्रस्तुत है। आशा है मुझे की आप मेरी इस इश्क़ की दास्तान में कहीं न कहीं अपने आपको अवश्य देख पाए होंगे।

गुज़ारिश

बस यूँही रहना तुम मेरे खयालों में मेरे साथ
ख्वाबों में ही सही मोहब्बत के जगाए रखना ये जज़्बात

कलम मेरी होगी शब्दों के साथ
पर उसके पीछे तुम्हारी चाहत के होंगे ख्यालात

तुम रंग बन कर रहना मेरे जीवन में
सफेद से इस मन पर मोहब्बत की स्याही बन ठहर जाना

कविता के रूप मे पिरोउंगी मेरी चाहत के फूल
तुम इश्क़ बन मेरे गुलिस्तान में महक जाना

हम दिन रात साथ नहीं तो क्या,
मोहब्बत तो दिलों का मेल है
तुम धड़कन बन मेरे दिल में सेहर जाना

दूरियाँ कम न करें मेरे इश्क़ को
तुम मेरी रगों में रवानी बन बसर जाना

तुम मुश्क बन कर आए हो मेरे जीवन में
मेरे इश्क़ पर रश्क न फरमाना

कुबूल करना मेरे प्यार का ये नज़राना
कुबूल करना मेरे प्यार का ये नज़राना

ख़्वाहिश

हम आपके सिरहाने जग न पाए तो क्या
हर सवेरे दुआओं में आपको याद रखेंगे

हम आपके हो न पाए तो क्या
हर रोज़ साँसों में आपको साथ रखेंगे

हम आपके हमसाया हो न पाए तो क्या
हमदर्द बन आपको महफ़ूज़ रखेंगे

हम आपके दीदार को तरसे जायें तो क्या
हर पल आपकी तस्वीर आँखों में साथ रखेंगे

आप जहाँ भी रहें ख़ुश रहें सलामत रहें
परवरदिगार के सामने ये बात हर बार रखेंगे

आप की खुशी से क़ीमती कुछ और है ही नहीं
आपको मनचाहा प्यार मिले
बस यही बात दुआ में हर बार रखेंगे

इस पार - उस पार

हसरत मिट जाए मेरी तो गम नहीं
यादों में तेरी ज़िंदा बसर कर जाऊँगी।

टिमटिमाते तारों के बीच से तुझे देख
पल पल मुस्कुराऊँगी।

अंजान रास्तों में आहट बन तेरे संग चलती जाऊँगी
गुमशुदा रातों में ख्वाब बन तुझे मिलने आऊँगी।

सर्द मौसम में हवा बन तुझे छू जाऊँगी
सूरज की किरणों में छिप, तूझे चूम जाऊँगी।

कभी तेरे अश्कों तो कभी तेरी
हँसी की वजह बन कर रह जाऊँगी ।।

इस पार ज़िंदगी से जब थक सा तू जायेगा
तेरी चाहत बन इक बार फिर लौट आऊँगी ।।

उस पार तेरे इंतज़ार में
बादस्तूर मैं थम सी जाऊँगी ।।

तेरी मुलाकात को मुन्तजिर मैं
कुदरत से भी लड़ जाऊँगी ।।

वो ख्वाब

वो ख्वाब बुनने दो
जो ज़िंदा होने का एहसास कराते हैं
सुकून की शामें सजाते हैं

वो ख्वाब बुनने दो
जो हकीकत से परे ले जाते हैं
काफिलों को अंजाम तक ले जाते हैं

वो ख्वाब बुनने दो
जो जज्बातों की आंधी ले आते हैं
हमनशीन से मिलाते हैं

वो ख्वाब बुनने दो
जो राज़ को महफूज़ रखते हैं
हमराज़ बन जाते हैं

वो ख्वाब बुनने दो
जो मुस्कुराहट बन जाते हैं
दर्द को मरहम लगाते हैं

वो ख्वाब बुनने दो
जिसमें हम तुम साथ चलते हैं
हमकदम बन जाते हैं

वो ख्वाब बुन ने दो
जो ख्वाब में ही सही तेरा दीदार कराते हैं
तेरे करीब ले जाते हैं

वो ख्वाब बुन ने दो।
वो ख्वाब बुन ने दो।

दुआ

बेतहाशा मोहब्बत करने वाला तूझे यार मिले
तेरे इंतज़ार को धड़कता तेरा प्यार मिले

पलकें खुली हों या बंद बस तेरा ही दीदार मिले
हर आती जाती साँस में तेरे इश्क़ का खुमार मिले

बेसबब परवाह करने वाला तुझे यार मिले
तेरे दिल को उसे देखते ही करार मिले

ख़ामोशी को पढ़ने वाला प्यार मिले
नाराज़गी को दूर करने वाला यार मिले

तेरी खुशियों का तुझे संसार मिले
तेरी चाहत तुझे हर बार मिले

वो लड़की होगी खास

तुम्हारी बाँहों के घेरे में करेगी तुम्हें प्यार
हर लम्हा जिसको होगा तुम्हारा इंतज़ार

वो लड़की होगी खास
जिसे मिलेगा तुम्हारा साथ

कभी तुम्हारी बातों को सुनेगी
तो कभी ख़ामोशियों को

कभी तुम्हारी आँखों को पढ़ेगी
तो कभी ख़्वाबों को

कभी हँस कर दिल जीतेगी
तो कभी नजरों से

कभी सहला के खुमार चढ़ायेगी
तो कभी बातों से

कभी कस कर सीने से जकड़ेगी
तो कभी हल्के से

कभी तुम्हारी आदत बन जाएगी
तो कभी ज़रुरत

वो लड़की होगी बहुत ख़ास
जिसे मिलेगा तुम्हारा साथ

ख़ुदा से गुज़ारिश

खूबसूरत से रास्तों से तुम्हारी जिंदगी निकले
चंदा सितारों की बारात के तले

तुम्हारी हँसी से सारी कायनात निखरे
जब तुम हँसो तो वादियाँ भी खिल उठे

कुदरत तुम्हारी हँसी की दीवानी हो
तुमसे भी ज्यादा कायनात को वो प्यारी हो

जब तुम बोलो तो समा थम सा जाये
तुम्हें सुन ने को ख़ुदा तक ठहर जाए

नदियाँ अपनी अल्हड़ता भूल टिक जाएँ
लहरें तुम्हें सुनने को सिमट जायें

तुम्हारी आँखों में जो चमक हो
तुम्हारे दिल की गहराईयों से हो

तुम्हारी बातों में जो कसक हो
दिलों को छू जाने की हो

तुम्हारी हर चाहत रब परख के पूरा करे
तुम्हारा कोई भी ख्वाब अधूरा न रहे

सारी कुदरत तुम्हारे साथ हो
हर दिन सुकून भरी रात हो

प्यार का तो सागर हो तुम्हारे साथ
सारी जिंदगी हो उसके हाथों में हाथ

तुम्हारी रूह का हमसाया हो वो
तुम्हारी हिम्मत भी हो तुम्हारी कमज़ोरी भी वो

क्रमशः

आभार

ख्वाब एक शब्द नहीं बल्कि अपने आप में एक समुन्दर है ख्वाहिशों का। साँसे जब तक चलती रहेंगी ख्वाब बुनते रहेंगे कुछ मुकम्मल भी होंगे तो कुछ के मुकम्मल होने की चाहत में ज़िंदगी गुज़र जाएगी। यही कहानी है मेरी, आपकी या ये कहें हम सब की। मैंने भी एक ख्वाब संजोया था किसी दिन किताब लिखने का जो कई वर्षों से रुका सा था।

ऐसे में मेरी खुशकिस्मती समझिए कि मेरी मुलाकात एक ऐसे शख्स से हुई जो मेरे दिल की सबसे करीबी ख्वाहिश को पूरा करने का प्रेरणा स्त्रोत बन गया। वो शख्स रेडियो जगत में एक जाना माना नाम है जिसे लोग RJ पुरु के नाम से बखूबी जानते हैं। इस इन्टरनेट की दुनिया में मेरी उससे मुलाकात मात्र एक संयोग था मेरे लिए पर शायद उस ईश्वर का रचाया खेल था जो वहाँ बैठा मेरे ख्वाब को हकीकत में तब्दील करने के लिए इशारे दे रहा था। तो आज सबसे पहले उस रब को शुक्रिया करते हुए पुरुषार्थ झिंगन मैं आपको शुक्रिया करती हूँ पुरु आप के लिए ईश्वर से प्रार्थना करते हुए कुछ पंक्तियाँ

बुद्ध तुम्हारे मन में वास करें। शांति और स्थिरता का प्रवास करें।

कलम में तुम्हारी जादुई अंदाज़ हो। गीतों में तुम्हारे सुनहरे अल्फ़ाज़ हों।

जैसे कृष्ण थे सारथी पार्थ के। वैसे ही संग रहें वे पुरुषार्थ के।

अगले खास शख्स जिनको मैं तहे दिल से शुक्रिया करना चाहती हूँ वे हैं मेरे सहकर्मी डॉ अरविन्द सहाया वे एक वरिष्ठ वैज्ञानिक होने के साथ साथ एक कवि भी हैं। उनकी सहायता के बिना मेरी किताब आज यह संपूर्ण स्वरूप नहीं ले पाती। मेरी रचनाओं को सुनना, किताब की रूपरेखा पर चर्चा, उसके कवर पेज की डिजाइन से लेकर और भी कई सारे सृजनात्मक विचार-विमर्श के लिए आपको मेरा बहुत बहुत आभार। ईश्वर से कामना करती हूँ कि जल्द ही आपकी कलम से आप मोती बिखरें और सभी को आनंद लेने का सौभाग्य प्राप्त हो।

जब भी मेरी कलम को उत्साह वर्धन की आवश्यकता हुई तब तब मेरे मित्र मेरे साथ खड़े थे। मुझे गतिमान रखने के लिए हार्दिक आभार अंकुर शाह, अंकुर मिश्रा, अभिषेक श्यामसुखा, कमलेश सीरवी, महिमा बोकाड़िया सेठिया, मयंक भण्डारी, नितेश माथुर एवं राजेश मोहोड़।

मेरी सबसे बड़ी दर्पण मेरी मित्र स्वाति जैन जिसके बिना कुछ भी संभव नहीं। जो हर पल एक साये के जैसे मेरे साथ रहती है।

मेरी बचपन की साथी रश्मि जैन जो मेरे जीवन की सबसे बड़ी पूँजी है।

मेरे जीवन को एक दिशा देने के लिए मैं सदैव ही कृतज्ञ रहूँगी मेरे पापा, मेरी माँ और मेरी दादी (मम्मी) की।

मेरे भाई - भाभी जो कि हमेशा मेरे हर कार्य में मार्गदर्शन देने के साथ-साथ प्रोत्साहित भी करते हैं उन सबको मेरा आभार।

हम सभी अपने वातावरण से हमेशा हर पल कुछ न कुछ अवश्य सीख रहे होते हैं। ऐसे में मैं अपने आप को अत्यंत

सौभाग्यशाली समझती हूँ क्योंकि मेरी परवरिश एक संयुक्त परिवार में हुई जिसके सभी सदस्यों ने मेरे जीवन में एक बहुत ही अहम भूमिका निभाई।

मेरे दूसरे परिवार के सभी सदस्य जो मेरे आधार स्तम्भ हैं एवं मेरे जीवन का सार हैं उनको मेरा नमन।

मेरे जीवन के केंद्र बिंदु प्रशांत और आयशी खूब सारा प्यार। जिनके साथ और सहयोग से ये पुस्तक जीवंत स्वरूप ले पाई।

मेरी पब्लिशिंग मैनेजर श्रीदर्शना आपका बहुत-बहुत शुक्रिया मेरी बातें समझकर उनपर टिप्पणी कर मेरी किताब को खूबसूरत स्वरूप देने के लिए।

नोशन प्रेस के सभी लोग जिन्होंने प्रत्यक्ष या परोक्ष रूप से मेरे ख्वाब को एक मुकाम तक पहुँचाया को मेरा हार्दिक आभार।

कृष्ण प्रेम

ओ कृष्णा मोरे
तोरे चरणों की दासी मैं

तोकी झलक की प्यासी मैं
तोरे बिन रुआँसी मैं

जो दरस तू मोहे दे दे
तो मोरा जीवन तर जावे

ओ कृष्णा मोरे
तोरे चरणों की दासी मैं

चहूँ और तोहे निहारहूँ मैं
हाथ जोड़ तोके दरस को पुकारहूँ मैं

तोहे बिन जग सूना सा लागे मोहे
मोहे ये अँधियारा जग अब ना सोहे

ओ कृष्णा मोरे
तोरे चरणों की दासी मैं

कण कण में खोजहूँ तोहे
दरस अब तो मोके होए

तरसत नैना नाहीं थमते
तोकि झांकि को तरसते

ओ कृष्णा मोरे
तोरे चरणों की दासी मैं

तोहे मिलने आना ही होगा
मोहे गले लगाना ही होगा

दासी ये तोहे दर पर
आने को तत्पर

ले चल संग अब
मोके उस पार

ओ कृष्णा मोरे
तोरे चरणों की दासी मैं

करले विनती मोकी स्वीकार
बन मांझी ले चल तोके द्वार

अब तोहे देखे बिन
मन मोका लागत नाहीं

तोहे बिना कौनहूं
अब मोके भावत नाहीं

ओ कृष्णा मोरे
तोरे चरणों की दासी मैं

प्रार्थना

मस्तक पर तुम्हारे सूर्य सा तेज हो
जीवन में तुम्हारे सदैव उद्वेग हो

क्रोध, घृणा, उत्तेजना का न आभास हो
चिर में तुम्हारे असीम स्नेह का भास हो

आँखों में तुम्हारी अप्रतिम चमक हो
शब्दों में तुम्हारे अनुपम कनक हो
होठों पर तुम्हारे काव्य की झड़ी हो
माँ सरस्वती की कृपा की लड़ी हो।

कलम में तुम्हारी जादुई अंदाज़ हो
गीतों में तुम्हारे सुनहरे अल्फ़ाज़ हों।

चाशनी के जैसे मीठे से साज़ हों
हर कृति तुम्हारी वक्त संग तराश हो।

बुद्ध तुम्हारे मन में वास करें।
शांति और स्थिरता का प्रवास करें।

मन में तुम्हारे न दुःख हो न अवहेलना हो
जीवन में तुम्हारे सुख हो न कभी वेदना हो।

कृतज्ञता से नतमस्तक रहो तुम नमन
अहंकार और उत्तेजना का न हो कभी दर्शन।

हर लक्ष्य तुम्हारा सदैव ही साध्य हो
इच्छा विरूद्ध कार्यों के लिए कभी न बाध्य हो

कर्तव्यों का तुम सफलता से करो निर्वाह
चिर में हर्ष और आनन्द का रहे प्रवाह।

निःस्वार्थ प्रेम तुम्हारे जीवन में साथ हो
हर्षित मन को अद्वितीय आभास हो।

इश्वर की कृपा तुम्हें हमेशा प्राप्त हो
करुणा के भाव कभी न समाप्त हो।

तुम्हारे जीवन का लक्ष्य परमार्थ हो
हृदय तुम्हारा सदा ही कृतार्थ हो।